LA FILLE AINÉE

DU

COEUR DE JÉSUS

Par LE P. VAUDON

Missionnaire du Sacré-Cœur

DISCOURS PRONONCÉ

DANS L'ÉGLISE SAINT-CYR D'ISSOUDUN, LE 28 JUIN 1889

A L'OCCASION DU DEUXIÈME CENTENAIRE DE L'APPARITION DU SACRÉ CŒUR

A LA BIENHEUREUSE MARGUERITE-MARIE

PARIS

RETAUX-BRAY, LIBRAIRE-ÉDITEUR

82, RUE BONAPARTE, 82

1889

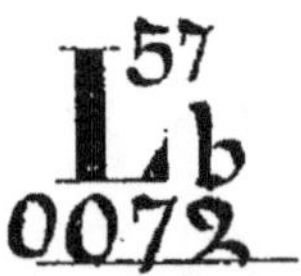

LA FILLE AINÉE

DU CŒUR DE JÉSUS

LA FILLE AINÉE

DU

CŒUR DE JÉSUS

PAR LE P. VAUDON

Missionnaire du Sacré-Cœur

DISCOURS PRONONCÉ

DANS L'ÉGLISE SAINT-CYR D'ISSOUDUN, LE 28 JUIN 1889

A L'OCCASION DU DEUXIÈME CENTENAIRE DE L'APPARITION DU SACRÉ CŒUR

A LA BIENHEUREUSE MARGUERITE-MARIE

PARIS

RETAUX-BRAY, LIBRAIRE-ÉDITEUR

82, RUE BONAPARTE, 82

1889

PARIS

IMPRIMERIE D. DUMOULIN ET Cie

5, RUE DES GRANDS-AUGUSTINS, 5

La Religion remet à Clovis les insignes de la royauté et lui dit :
« Défends-moi, je te protégerai ». — Gravure de P. Le Pautre. Paris, 1679.

Le 28 juin 1889 était un grand jour pour la France catholique.

Autour de la basilique bientôt achevée de Montmartre elle célébrait, en la fête annuelle du Sacré Cœur, les prémices de la consécration nationale demandée en 1689 à la nation française, fille aînée de l'Église, et par une conséquence naturelle et nécessaire, fille aînée du Cœur de Jésus.

Ce jour-là, la basilique du Sacré-Cœur à Issoudun, sœur aînée de la basilique de Montmartre, consacrée par la main auguste qui devait un jour poser la première pierre de l'église votive du Vœu national, — jadis témoin des démonstrations les plus solennelles et les plus enthousiastes de la piété envers le Sacré

Cœur, — la basilique qui garde la chère, la miraculeuse statue de Notre-Dame du Sacré-Cœur, couronnée par Pie IX, de si douce et si sainte mémoire, était muette, vide, déserte. On sait pourquoi.

Mais la cité de Notre-Dame du Sacré-Cœur, qui subit la fermeture sacrilège, avait compris qu'il fallait une amende honorable égale au forfait ; elle avait compris que, dans l'exil même, le divin Roi devait être acclamé au jour du second centenaire des révélations relatives à la patrie et des noces d'argent de cette basilique captive dont le passé fut si beau et qu'attend un avenir réparateur.

Une neuvaine solennelle avait été annoncée.

Elle devait commencer le 24 juin, jour des noces d'argent de l'Archiconfrérie de Notre-Dame du Sacré-Cœur, et se terminer le 2 juillet, anniversaire du jour où, il y a vingt-cinq ans, Mgr Guibert, alors archevêque de Tours, consacra l'église du Sacré-Cœur, presque aussitôt érigée en basilique par le Vicaire de Jésus-Christ.

Nous ne nous arrêterons pas à la description de ces fêtes, auxquelles la présence des quatre-vingts enfants de la Petite-Œuvre des Vocations apostoliques, élevés à l'ombre de la basilique aujourd'hui fermée, donna un charme si touchant.

Ce sont les futurs apôtres du Sacré Cœur ; beaucoup d'entre eux peut-être, dans dix ou quinze ans, auront rejoint dans les îles brûlantes de l'Océanie Mgr Navarre, le fondateur de ces dures missions ; Mgr Vérius, cet évêque de vingt-huit ans, qui fut l'un d'eux ; le P. Cramaille, premier enfant de la Petite-Œuvre à son berceau. Les bonnes zélatrices, qui ont fait le pèlerinage d'Issoudun, les regardent avec attendrissement et se félicitent des sacrifices qu'elles se sont imposés pour leur donner le pain et le vêtement ; leurs frères aînés, devenus leurs maîtres, donnent le reste, la science et l'exemple de la vertu.

Curé de la paroisse en même temps que supérieur général des Missionnaires du Sacré-Cœur, le P. Chevalier anime le clergé et les fidèles du zèle ardent qu'il a pour la gloire du divin Cœur.

Les chants offrent une particularité très remarquée par les pèlerins. Trois professeurs de la Petite-Œuvre sont récemment allés à Solesmes recueillir les leçons de dom Pothier ; les futurs missionnaires, formés par eux, exécutent, même sans accompagnement, plusieurs chants grégoriens, d'une façon magistrale.

Point de fêtes religieuses sans prédication.

Le prédicateur est le P. Vaudon, dont une plume fraternelle ne peut faire ici l'éloge. Issoudun lui donne chaque soir un auditoire grossissant, et dans la vaste église de Saint-Cyr, il peut se croire dans quelqu'une des cathédrales qu'il a évangélisées.

Le vendredi 28 juin, la fête est véritablement magnifique.

Le vénérable archevêque de Bourges est arrivé la veille au soir, exprès pour la présider. De toutes parts, les prêtres du diocèse, serviteurs de Notre-Dame du Sacré-Cœur, membres de l'Association sacerdotale des Prêtres séculiers du Cœur de Jésus, sont accourus.

Trop étroite aujourd'hui serait la basilique, si ses portes avaient pu s'ouvrir.

La consécration au Sacré Cœur a été fixée à la réunion du soir. Avant qu'elle ne soit faite du haut de la chaire par le P. Chevalier, au milieu de cette multitude qui représente tant de millions d'enfants de Notre-Dame du Sacré-Cœur, et parmi laquelle on regrette l'absence de ces vaillantes Filles de Notre-Dame du Sacré-Cœur, *retenues, enchaînées par l'humilité et par la règle dans leur demeure indigente, où elles se préparent à tous les dévouements et surtout aux apostolats lointains, le prédicateur prononce sur la vocation de la France, fille aînée du Cœur de Jésus, le discours que les Missionnaires du Sacré-Cœur offrent aux pieux fidèles, comme souvenir de la mémorable journée du 28 juin.*

C'est un résumé ardent, succinct, et, croyons-nous, complet, de l'histoire religieuse de notre cher pays. Il dit au lecteur quelle reconnaissance un Français doit avoir pour Notre-Seigneur Jésus-Christ, quels devoirs lui imposent les faveurs si particulières que notre patrie a reçues de son Cœur, et quelles bénédictions nous sont réservées, si nous savons être fidèles.

A. DELAPORTE,

Miss. du S.-C.

Jésus-Christ donne à la France son Cœur, et la France lui donne le sien.
D'après Abraham Bosse, dans les *Œuvres du B. François de Sales*. Paris, 1652.

LA

FILLE AINÉE DU CŒUR DE JÉSUS

Non fecit taliter omni nationi.
Dieu n'a pas traité de la sorte toutes les nations.
Ps. CLVII, 20.

MES FRÈRES,

DANS les premières années du sixième siècle, un évêque de l'Église des Gaules s'acheminait vers l'exil : il avait jeté devant les persécuteurs le cri de son âme et la protestation de sa foi. Le diacre qui l'accompagnait pleurait. — « Ne pleure pas, mon fils, disait le saint vieillard ; le jour de Dieu est proche. J'ai vu en songe une tour dont les créneaux touchaient au ciel. Le Sauveur était debout sur le faîte. Des anges se tenaient aux ouvertures. Or, l'un d'eux avait dans les mains un livre où il lisait à haute voix les noms des princes qui avaient gouverné et les

noms de ceux qui devaient gouverner la nation française. Après chaque nom, les anges répondaient :
Amen ! »

Grégoire de Tours, l'historien des Francs, qui rap-
porte le rêve de saint Nicetius, le trouve prophétique[1].

Rien ne peint mieux, en effet, mes Frères, la mission des Francs, que cette intervention de Dieu lui-
même faisant lire aux anges les commencements
d'une histoire qui devait être, suivant une expression célèbre, sa propre histoire : *Gesta Dei per
Francos*[2].

Il sera bon, en ce second centenaire de l'apparition de Jésus-Christ à la France, en ce grand jour
où, tous ensemble, nous allons nous consacrer de
nouveau au Sacré Cœur, il sera bon de nous rappeler que Jésus-Christ a choisi la France pour être
son peuple et que la France a choisi Jésus-Christ
pour son Dieu et pour son Roi. Il y a plus, Jésus-
Christ a donné à la France son Cœur, et il attend
que la France moderne lui donne le sien.

C'est vous, mon Très Révérend Père[3], qui dans un
instant donnerez nos cœurs à Jésus-Christ. De vos

1. *Vitæ Patrum*, xvii, 5. — Nominavit omnes viritim vel qui eo
tempore erant vel deinceps nati sunt; dixitque et qualitatem regni
et quantitatem vitæ eorum. Sed post uniuscujusque nomen semper
amen cæteri angeli respondebant sicque de his in posterum im-
pletum est, sicut sanctus per præfatam revelationem annuntiavit.

2. Cf. Ozanam. *Œuvres complètes*, t. IV, p. 81-82. *La Civilisation
chez les Francs*. Paris, Lecoffre, 1861.

3. Le T. R. P. Chevalier, Supérieur général des missionnaires
du Sacré-Cœur

mains vaillantes vous avez bâti la première église
qui ait été élevée au Sacré Cœur dans la province
ecclésiastique de Bourges, cette basilique de marbre
et d'or, hélas ! toujours en deuil sous les scellés
sacrilèges. C'est à vous que Pie IX a dit cette parole
qui ressemble à un éclair dans une nuit d'orage :
« L'Église et la Société n'ont d'espoir que dans le
Cœur de Jésus; il guérira tous nos maux[1]. » C'est
vous qui, en 1874, organisiez, pour la consécration
du monde catholique au Sacré Cœur, un vaste péti-
tionnement qui fut couronné d'un plein succès. C'est
vous qui avez groupé autour de la céleste Trésorière
du Cœur de Jésus, Notre-Dame du Sacré-Cœur, d'innombrables phalanges : vingt millions d'âmes peut-
être. Dans votre grand cœur vous portez tous ces
cœurs. Aussi, dans votre voix, Notre-Seigneur entendra la voix de nos deux universelles Archiconfré-
ries de Notre-Dame et de Saint-Joseph, la voix de
vos fils dispersés aux quatre vents du ciel et particu-
lièrement la voix de ces apôtres qui, à la suite de
Mgr Navarre, de Mgr Vérius et du P. Édouard Bon-
temps, portent là-bas, à travers les océans, d'île en
île, l'étendard civilisateur du Cœur de notre Dieu.

Et moi, ô béni Jésus ! Sauveur et Maître, moi qui
veux en ce moment redire votre alliance avec la race
des Francs, je vous demande, par notre douce reine
qui est votre mère et aussi la nôtre, que l'on sente
dans ma parole comme une flamme du feu qui vous

1. Audience du 9 septembre 1860. *Annales manuscrites.*

brûle, comme un battement de votre divin Cœur. Ave Maria.

I

Le premier maître des hommes et des peuples et, à vrai dire, le seul, c'est Dieu. « A vous, Seigneur, la puissance, la magnificence, la gloire et la victoire. Tout vous appartient au ciel et sur la terre. Vous êtes le Roi des rois [1]. »

Mais, cette domination suprême et la souveraine judicature qui en découle, Dieu la donne à son Fils, le Verbe fait chair. « J'ai vu, disait le prophète Daniel, le Fils de l'Homme qui marchait sur les nuées du ciel. Il s'avança vers l'Éternel. L'Éternel lui donna la puissance, l'honneur et la royauté [2]... » — « Je suis Roi, a dit l'Homme-Dieu lui-même par la bouche de David. Le Seigneur m'a donné les nations pour héritage, et, pour possession, les extrémités de la terre [3]. » Et au moment de gravir la colline du Golgotha au sommet de laquelle il devait racheter ses innombrables sujets dans son sang : « Tu as bien dit, Pilate.

1. *I Paral.*, xxix, 11.— Tua est, Domine, magnificentia et potentia et gloria atque victoria ; et tibi laus : cuncta enim quæ in cœlo sunt, et in terra, tua sunt : tuum, Domine, regnum, et tu es super omnes principes.

2. *Daniel*, vii, 13, 14. — Aspiciebam in visione noctis, et ecce cum nubibus cœli quasi filius hominis veniebat, et usque ad antiquum dierum pervenit... Et dedit ei potestatem et honorem et regnum.

3. *Ps.* ii, 6-8. — Ego constitutus sum rex... Dominus dixit ad me : Postula a me et dabo tibi gentes hereditatem tuam et possessionem tuam terminos terræ.

Oui, je suis Roi [1]. » Cette royauté divine, elle éclatera, à la fin des temps, quand le Fils de l'Homme viendra juger les vivants et les morts, assis sur le trône de sa puissance et de sa majesté [2]. Jésus est Roi.

Le premier devoir des peuples et des princes des peuples est de reconnaître la royauté de Jésus-Christ. « Tous les rois de la terre l'adoreront; tous les peuples le serviront [3]. » — « Venez, ô patries des nations ! venez; apportez au Seigneur l'honneur et la gloire, et dites partout : le Seigneur est un Roi [4]. »

Malheur aux patries qui ne rendraient pas au Roi Jésus ce culte solennel ! Elles sont mortes déjà. « Seigneur, vous les gouvernerez avec une verge de fer et vous les briserez comme un vase d'argile. » *Reges eos in virga ferrea et tanquam vas figuli confringes eos* [5].

Vous l'entendez, mes Frères, l'humanité, créée par Dieu, a une vocation divine : elle doit reconnaître et glorifier le règne social de Jésus-Christ.

Mais, dans cette immense famille qui est le genre

1. *Joan.*, xviii, 37.— Dixit ei Pilatus : Ergo rex es tu ? Respondit Jesus : Tu dicis quia rex sum ego.

2. *Matth.*, xxv, 31.— Cum venerit filius hominis in majestate sua, et omnes angeli cum eo, tunc sedebit super sedem majestatis suæ.

3. *Ps.* lxxi, ii. — Adorabunt eum omnes reges terræ : omnes gentes servient ei.

4 *Ps.* xcv, 7-10. — Afferte Domino, patriæ gentium, afferte Domino gloriam et honorem. Dicite in gentibus quia Dominus regnavit.

5. *Ps.* ii, 9.

humain, il y a des familles particulières, *familiæ gentium*, comme les appelle la Bible[1]: des races des peuples.

Or, chacune de ces nations doit répondre à une pensée de Dieu, à un appel de Dieu. Voyez dans l'Ancien Testament la vocation d'Israël et voyez dans le Nouveau la vocation de la France. Il n'est pas de moi, mes Frères, ce rapprochement; il est du pape Grégoire IX : « Le Fils de Dieu, aux ordres duquel tout l'univers est soumis et à qui obéissent les bataillons de l'armée céleste, a établi ici-bas, comme un signe de la puissance divine, un certain nombre de royaumes, divers de peuples et divers de langages. Et, de même qu'autrefois la tribu de Juda reçut d'en haut une bénédiction toute spéciale parmi les autres fils du patriarche Jacob, de même, le royaume de France est au-dessus de tous les autres peuples, couronné, par la main de Dieu lui-même, de prérogatives et de grâces extraordinaires. » *Sic regnum Franciæ præ cæteris terrarum populis prærogativa honoris et gratiæ insignitur*[2].

La Judée, patrie terrestre de Jésus-Christ. La France, royaume de Jésus-Christ et patrie de son Cœur. La Judée a eu pour mission de préparer l'avènement du Messie, la France de propager son règne à travers le monde. Toutes les deux terres promises, elles ont eu le commun privilège d'être châtiées, sitôt

---

1. *Ps.* xxi, 28.

2. Bulle de Grégoire IX à saint Louis. Anagni, 21 oct. 1239, ap. Labb. *Concil*, t. XI, p. 366.

LE CHRIST MONTRE A L'ANGE DE LA FRANCE LES GRANDES DESTINÉES DU PEUPLE
DONT IL LUI CONFIE LA GARDE

Aux côtés du Christ, la Vierge, Jeanne d'Arc, St Michel et Ste Geneviève. Mosaïque de M. Hébert, église Ste-Geneviève, à Paris.

qu'elles ont été infidèles à leur vocation. Autrefois, à la vue des prodiges que Jéhovah opérait par son peuple, on disait en Judée : « Le doigt de Dieu est là ! » *Digitus Dei est hic.* En France, à la vue des merveilleux exploits de nos ancêtres, le monde tout entier s'écriait : *Gesta Dei per Francos.* « Les Gestes de Dieu par les Francs ! »

Donc, mes Frères, entre les nations de la nouvelle alliance, la France a une destinée particulière, une vocation spéciale. Dieu lui a marqué sa place dans le monde, une place de choix, et il l'a comblée de faveurs sans nombre.

Un ciel d'une douceur charmante, un air salubre, deux océans, de grands fleuves, des plaines immenses, des vallées fécondes, la grâce des collines et la majesté des montagnes.

Race de parole et d'épée, race au grand cœur.

Tout ce qui sort des lèvres de ce peuple, j'oserai le dire, en me servant d'un mot de la Bible, c'est, pour le bien ou pour le mal, une conjuration, *omnia quæ loquitur populus iste, conjuratio est*[1] ; ou, mieux encore peut-être, une conflagration. La France a une force d'expansion irrésistible. En un clin d'œil ses idées embrassent le monde et l'embrasent. Toujours c'est l'éclair, et quelquefois c'est la foudre. De là son prosélytisme merveilleux ; de là son apostolat. La France est missionnaire.

Elle est militaire aussi. Et quelle épée à son ser-

1. *Is.*, viii, 12.

vice ! A-t-on jamais insulté quelque part la faiblesse, outragé l'innocence, souffleté l'honneur, sans entendre aussitôt frémir l'épée de la France ?

Race de parole et d'épée, race au grand cœur ! Prêtre et soldat, apôtre et chevalier.

En vérité, je vous le dis, ce peuple est prédestiné.

Aussi, Dieu l'a-t-il prévenu dès son berceau.

C'est pour lui que Lazare, Marthe et Marie ont apporté le nom de Jésus-Christ aux rives parfumées de la Provence. C'est pour lui que Martial, si grand par la parole et par le prodige, a évangélisé l'Aquitaine. C'est pour lui que saint Austrémoine et saint Ursin apportent au centre de la France la foi de Rome. C'est pour lui qu'Hilaire de Poitiers a fait resplendir la divinité du Verbe. C'est pour lui que ce géant à la voix surhumaine [1], saint Martin, a, durant vingt-cinq ans, bataillé contre les idoles, défriché les âmes, comme le laboureur son champ, et, de la sorte, préparé le berceau de la nation française.

Viens donc, ô peuple franc ! tout est prêt pour te recevoir. Sans doute tu ignores encore le vrai Dieu, mais tu es digne de le connaître.

Un vieillard, une femme, une vierge, sont en prière.

La vierge, c'est celle qui, la première, a allumé au cœur de nos ancêtres la flamme du patriotisme, sainte Geneviève dont les prières ont détourné de Paris l'invasion d'Attila, sainte Geneviève que des mécréants,

---

1. *Nec mortale sonans.* Parole de Sulpice Sévère, historien de saint Martin.

qui se disent Français, ont chassée du temple où la France gardait sa mémoire.

La femme, c'est Clotilde qui entretient son royal époux de la puissance et de la bonté du Dieu qu'elle adore.

Le vieillard, c'est Remi qui, dans un épiscopat de trois quarts de siècle, a traversé toutes les phases de l'agonie de l'empire romain, compris tous les périls, souffert toutes les douleurs, Remi, le père de la patrie, dont on a pu dire qu'il avait l'idée de la France avant même que la France existât.

Une vierge, une mère, un prêtre, c'est assez, avec la grâce de Dieu, pour opérer un miracle, et le miracle est accompli. Rappelez-vous Tolbiac ; le baptême de Clovis fut aussi le baptême de la France.

Lorsque le roi des Francs sortit du baptistère de Reims avec ses trois mille compagnons d'armes, baptisés comme lui, quatorze siècles de notre histoire lui faisaient par avance une escorte d'honneur, quatorze siècles de fidélité à Dieu, de vaillance chevaleresque au service de Jésus-Christ et de son Église, quatorze siècles de gloire.

Quel jour, mes Frères, que ce jour de Noël de l'an 496 ! Un patricien gaulois, saint Avit, évêque de Vienne, ne craignait pas de dire au nouveau baptisé : « Votre baptême, c'est vraiment la nativité de Jésus-Christ en Occident. » Et le vieil évêque, tirant un merveilleux horoscope sur le berceau de l'enfant nouveau-né, ajoutait : « Ce ne sera pas assez que Dieu fasse par vous votre nation totalement sienne ;

SAINT REMI, LE PATRIARCHE DE LA NATION FRANÇAISE
et saint Martin, dans un groupe de confesseurs.
Peintures murales d'Hipp. Flandrin; basilique de S.-Vincent-de-Paul
de Paris.

il vous appartient de jeter les semences de la foi jusque
chez les nations lointaines... Ne craignez pas de
diriger jusque-là vos envoyés, afin d'avancer les
affaires du Dieu qui a tant avancé et si bien servi les
vôtres. La France est un soleil dont la lumière ne doit
pas rester emprisonnée dans les limites d'un terri-
toire ; ses rayons doivent resplendir jusqu'aux extrémités du monde [1]. » — « L'Église, disait une autre
voix, plus auguste encore, la voix du pape Anastase II,
se réjouit de l'enfantement d'un si grand roi. O
glorieux fils ! console ta mère... Elle s'appuie sur toi
comme sur une colonne de fer [2]. » Plus tard, Etienne II
affirmera avec non moins de solennité cette mission
providentielle de la France : « Moi, Pierre, appelé à
l'apostolat par Jésus-Christ, le Fils du Dieu vivant, je

1. *Epist.* xli ; *Patr. lat.* t. LIX, col. 257-259. — Siquidem et
occiduis partibus in rege non novo novi jubaris lumen effulgurat.
Cujus splendorem congrue redemptoris nostri nativitas inchoavit :
ut consequenter eo die ad salutem regenerari ex unda vos pareat,
quo natum redemptioni suæ cœli Dominum mundus accepit. Igitur
qui celeber est natalis Domini, sit est vestri : quo vos scilicet
Christo, quo Christus ortus et mundo... Unum quod vellemus au-
geri : ut quia Deus gentem vestram per vos ex toto suam faciet,
ulterioribus quoque gentibus quas in naturali adhuc ignorantia
constitutas nulla pravorum dogmatum germina corruperunt, de
bono tbesauro vestri cordis fidei semina porrigatis ; nec pudeat
pigeatque, etiam directis in rem legationibus, astruere partes Dei,
qui tantum vestras erexit... Constat vos esse, quo communis uno
solis jubare omnia perfruuntur. Vicina quidem plus gaudent lu-
mine, sed non carent remotiora fulgore. Quapropter radiate per-
petuum præsentibus diademate, absentibus majestate.

2. *Epist. ad Cludovichum regem*, ap. Labb., *Conc.* tom. IV, col.
1282-1283.

vous ai choisis pour mes fils adoptifs, afin de défendre contre leurs ennemis la cité de Rome. Je vous appelle donc à délivrer l'Église de Dieu. C'est vous, peuple des Francs, qui êtes mon peuple de prédilection entre tous les peuples de la terre [1]. » Grégoire IX, que je vous ai cité déjà, rend à la France ce témoignage plus magnifique encore : « Il est manifeste que le royaume de France, béni de Dieu, a été choisi par notre très saint Rédempteur pour être l'exécuteur spécial de ses divines volontés. Jésus-Christ l'a pris entre ses mains comme un carquois, d'où il tire fréquemment des flèches choisies qu'il lance, divin sagittaire, avec la force irrésistible de son bras, pour la protection de la liberté et de la foi de l'Église, pour le châtiment des impies et pour la défense de la justice. »

Qu'en dites-vous, mes Frères ? Être dans le monde l'épée de Dieu, le soldat de Dieu et le bouclier de l'Église [2], voilà la vocation de la France !

II

La France a-t-elle répondu à l'appel divin ? s'est-elle montrée digne de cette vocation sublime et de son baptême ?

1. Lettre aux rois Pépin, Charles et Carloman, ap. dom Bouquet, t. V, p. 495.

2. Dans la bulle d'Anagni citée plus haut. — Regnum Franciæ, redemptor noster quasi specialem divinarum voluntatum executorem eligens, et ipsum sibi sicut pharetram circa femur accingens, ex ipsa sæpius sagittas electas extrahit, et eas in tuitionem ecclesiasticæ libertatis et fidei, in contritionem impiorum et defensionem justitiæ emittit.

D'abord, mes Frères, avec Clovis, le vainqueur du paganisme à Tolbiac, apparaît dans le monde une forme nouvelle de gouvernement : la royauté chrétienne. Sans doute, elle n'a pas atteint d'un bond l'idéal ; mais, elle ira se perfectionnant à travers les siècles, et l'on verra s'établir chez nous un droit chrétien, des lois chrétiennes, des coutumes chrétiennes, des chartes chrétiennes, des constitutions au frontispice desquelles on lira ces mots rayonnants : *Vivat qui Francos diligit Christus !* Vive le Christ qui aime les Francs[1] !

Les capitulaires de ce grand homme dont la grandeur, suivant le mot de Bossuet, a pénétré jusqu'au nom lui-même, Charlemagne, s'ouvriront par ces paroles : « Notre-Seigneur Jésus-Christ régnant a jamais, moi Charles, par la grâce et la miséricorde de Dieu, roi et chef du royaume des Francs, dévoué défenseur et très humble coadjuteur de la sainte Église de Dieu[2]. »

Les traités de paix de Charlemagne, comme ses guerres, n'auront qu'un but : la glorification universelle de Jésus-Christ. *Ut Christus in omnibus et ab omnibus glorificetur.*

A cinq siècles de distance, les paroles et les actes de saint Louis reproduisent avec une magnificence agrandie les paroles et les actes de Char-

---

1. *In legem quam Salicam vocant* Præfatio.
2. *Capitul.* 769, ap. Pertz. — Karolus gratia Dei rex regnique Francorum rector, et devotus sanctæ Ecclesiæ defensor, atque adjutor in omnibus apostolicæ sedis.

lemagne : Louis de France, SERGENT DU CHRIST !

Aux jours mauvais, au quinzième siècle, Jeanne d'Arc formulera ainsi, dans une lettre au duc de Bourgogne, la foi héréditaire de la France à la royauté nationale de Jésus-Christ : « Tous ceux qui guerroient contre le saint royaume de France, guerroient contre le Roi Jésus. »

Est-ce que vous ne savez pas que, jusqu'en ces derniers temps, le dogme du règne social de Jésus-Christ était gravé dans les monnaies publiques

MONNAIE DE LOUIS XIV
avec cette inscription : « Le Christ règne, il est vainqueur, il commande. »

elles-mêmes ? On lisait sur les pièces d'or : *Christus vincit.* AU CHRIST LA VICTOIRE ! *Christus regnat.* AU CHRIST LA ROYAUTÉ ! *Christus imperat.* L'EMPIRE A JÉSUS-CHRIST !

Est-ce que vous ne savez pas que, depuis les temps les plus reculés, la France avait un drapeau sacré, « un étendard qui n'allait pas aux combats vulgaires [1] », un étendard qui ne sortait de Saint-Denys qu'à l'heure des périls suprêmes, quand le roi se mettait à la tête

1. L'abbé Bougaud, *Histoire de la bienheureuse Marguerite-Marie*, 3ᵉ édit., in-12, p. 345. Paris, Poussielgue, 1875.

de l'armée et que l'on partait pour les grandes batailles de la foi, l'étendard du Roi Jésus, l'oriflamme?

En ces temps-là, dans nos cathédrales, quand le prêtre, à l'autel, élevait la sainte hostie, les chevaliers, debout, brandissaient vers l'adorable Sacrement leur épée protectrice.

En ces temps-là, « l'odeur du Christ » avait pénétré, « comme un arome de vie », *odor vitæ in vitam*[1], et profondément imprégné les personnes, les institutions et, vous le voyez, les choses elles-mêmes.

En ces temps-là, le Christ resplendissait au firmament de la France, comme ce soleil dont avait prophétisé l'évêque de Vienne, saint Avit, et de sa divine lumière non seulement il fécondait la France, mais, par la France, il éclairait le monde.

Est-ce tout, mes Frères?

Avez-vous pris garde que, de toutes les nations européennes, la France s'est donnée la première à Jésus-Christ? A la fin du cinquième siècle, Clovis se trouva le seul roi catholique du monde : glorieux droit de primogéniture que la France entend bien ne céder à personne ; et, quand au dix-septième siècle, Notre-Seigneur appellera le roi de France « le fils aîné de son Cœur », ce sera comme un écho de cette parole inoubliable qu'à l'aurore de notre histoire la papauté reconnaissante avait dite de nos rois très chrétiens : « Ils sont les fils aînés de l'Église. »

Et non seulement la France chrétienne a précédé

1. *II Cor.*, ii, 16.

LES DRAPEAUX SACRÉS DE LA FRANCE

1 et 2. L'oriflamme de Charlemagne. — 3. L'oriflamme de Saint-Denys.
4. L'étendard de Jeanne d'Arc. — 5. Le drapeau du Sacré Cœur.

dans l'histoire, de trois siècles au moins, tous les États européens, mais seule, entendez-vous ? seule, elle est restée fidèle à sa mission.

Voyez les Goths d'Espagne. Longtemps ariens, ils se convertissent ; mais bientôt ils s'endorment dans les splendeurs coupables de leur civilisation : en un seul jour de bataille, ils tomberont sous le cimeterre de Mahomet.

Voyez les Lombards : eux aussi ils se convertissent au septième siècle ; mais au huitième, ils persécuteront le pontife romain ; la papauté les maudira, et l'épée de la France les chassera de la scène du monde.

Quant aux Anglo-Saxons, ils n'arriveront à la foi que pour donner au ciel l'effroyable spectacle d'une honteuse apostasie.

Les Francs resteront immobiles dans le *Credo* de saint Louis, de Charlemagne et de Clovis, et ils le défendront toujours par la parole et par l'épée.

Par la parole...

Oh ! que notre vieille France a bien prêché le Christ Jésus ! Quelle éloquence depuis saint Remi jusqu'à Bossuet ! Saint Remi annonçait le Christ au clan barbare, à Clovis ; Alcuin, au palais de Charlemagne ; Urbain II, dans le concile de Clermont, à tous les chefs de la république chrétienne ; saint Bernard, dans toute l'Europe ; Gerson, dans les vieilles universités et aux petits enfants ; saint François de Sales, aux hérétiques du Chablais et aux paysans de la montagne ; Bossuet, devant Louis XIV...

Par le glaive...

Oh ! que notre vieille France a bien guerroyé pour Jésus-Christ ! Trempée dans le sang du Calvaire, son épée a vaincu tous les ennemis de l'Église.

Faut-il vous rappeler ces « Gestes de Dieu » par nos ancêtres ?

L'arianisme, vainqueur de l'Orient, menace l'Occident par les barbares. « Le monde s'étonnait de devenir arien. » Les Gaules vont subir le sort commun, car les Burgondes à l'Est et les Wisigoths au Sud se sont faits les apôtres armés de l'hérésie triomphante. Mais la France est là ; la France se lève avec Clovis, et elle écrase l'arianisme à Vouillé, comme elle avait à Tolbiac écrasé le paganisme.

Deux siècles plus tard, les hordes musulmanes succèdent aux ariens. Elles accourent du fond de l'Asie. Partout, sur leur passage, le sang chrétien coule à grands flots. Déjà le Croissant a franchi les Pyrénées. Bordeaux succombe ; Tours est menacé. O France ! ô épée du Christ ! où donc es-tu ? La France se lève avec Charles Martel et, de sa masse d'armes, elle écrase, à Poitiers, l'Islam impur.

Elle se lève, la France catholique, avec Pépin et Charlemagne, quand la papauté, affranchie des empereurs de Byzance, est menacée du joug des rois lombards, et elle jette sur les épaules du Vicaire de Jésus-Christ un manteau de roi. — Malheur au successeur de Charlemagne qui laissera dépouiller Jésus-Christ dans la personne du Pape ! Le Pape est le client de la France : les armes, au jour du désastre, tomberont des mains de ses soldats.

C'est la France encore et toujours qui se lève avec Godefroi de Bouillon, Tancrède, Baudouin, saint Louis, lorsque les Turcs, enivrés du vin de la fureur, ensanglantent Jérusalem et profanent le tombeau de Jésus-Christ.

Et quand les chevaliers sont morts, quand c'est la grande pitié au royaume de France, à défaut d'hommes, on voit se lever Jeanne d'Arc.

Enfin, au seuil des temps modernes, voici un nouvel ennemi : le protestantisme. Il a brisé déjà la confédération européenne des États catholiques. La moitié de l'Europe s'est donnée à Luther. En France même, hélas ! Luther a des partisans. Amollis et corrompus, ces gens-là ne sont que trop prêts à accepter des doctrines amoindries. Ne reculant devant aucun crime pour assurer le triomphe de l'hérésie, ils ont ouvert à l'étranger les portes de la France. Déjà, les Allemands ont pénétré jusqu'au cœur du pays : les voilà campés sur le mont Valérien. Et, pour comble de disgrâce, le roi meurt sans enfants. Quelles épouvantes en 1589 et quelles angoisses patriotiques ! Voilà l'hérésie sur les marches du trône de France !... Que va-t-il advenir de l'épée de Charlemagne et de la couronne de saint Louis ? Qui remplacera en Europe le fils aîné de l'Église ? Qui montera la garde à Saint-Pierre de Rome ? Qui défendra Jésus-Christ ? N'ayez pas peur, mes Frères ; les couches profondes de la nation très chrétienne s'agitent, les grandes masses s'ébranlent, le peuple catholique se lève. On commence des

LA BIENHEUREUSE MARGUERITE-MARIE

D'après le tableau de Savinien Petit, dans la chapelle de la Visitation de Paray-le-Monial. — L'artiste a représenté dans les mains de la Bienheureuse une petite image du Sacré Cœur, dont l'original, haut de cinquante-cinq millimètres, se conserve dans le couvent de la Visitation, à Turin. Cette image est la première qui ait été vénérée sous le titre du Sacré Cœur de Jésus.

prières publiques, on se met en procession, les pèlerinages s'organisent, c'est la ligue de la foi romaine. Henri IV comprend bientôt cette parole d'Henri III mourant : « Mon cousin, vous ne serez jamais roi de France que si vous vous faites catholique, » et il abjure le protestantisme. La France était sauvée.

III

En ce temps-là, mes Frères, après vingt-quatre ans d'un règne réparateur, après la naissance inespérée d'un roi qui devait présider magnifiquement à la plus merveilleuse époque de notre histoire, Jésus-Christ, pour mettre le comble à son amour, voulut apparaître à la France et, par la France, au monde. Jésus, dans la personne de la bienheureuse Marguerite-Marie, attira la France sur son Cœur, comme, au jour de la Cène, il attirait saint Jean sur sa poitrine adorable. Écoutez cette sorte de message de Jésus-Christ à la France : « Dis à la fille aînée de l'Église que je veux qu'elle devienne la fille aînée de mon Cœur. J'attends qu'elle accepte, la première, le règne de mon amour et qu'elle use de son influence pour l'étendre dans le monde entier. Pour cela, je lui demande de se consacrer à mon Cœur, d'élever un temple national à mon Cœur, de graver mon Cœur dans ses armes et dans ses étendards. En retour, je la rendrai victorieuse de tous ses ennemis et je lui donnerai un règne éternel d'honneur et de gloire... »

Quel coup de lumière, mes Frères, que cette apparition de 1689, et quelle manifestation d'amour ! Ne vous semble-t-il pas que Jésus-Crist, multipliant ses bienfaits, aurait pu dire à la France avec un grand poète de ce temps-là :

Je t'en avais comblé, je t'en veux accabler !

Hélas ! ces magnifiques avances du Cœur de Jésus à la nation très chrétienne ne furent pas entendues !

Et cependant, qu'elles étaient opportunes, à cette date de 1689 ! Le dix-septième siècle allait finir et le dix-huitième se préparait à naître, pour être tout à la fois l'ouvrier, le bourreau et la victime de la plus effroyable dissolution sociale dont le monde ait eu jamais la vision tragique.

Jésus voulait ramener les regards de la France vers le foyer des miséricordes et du pardon, à la source de ce baptême de sang qui devait encore une fois nous laver de nos crimes. De là ces rayons brûlants du Sacré Cœur et la pourpre sanglante de la blessure dans l'apparition merveilleuse.

Oh ! oui, ces avances du Sacré Cœur étaient opportunes. La France était malade.

La France était malade ! Depuis quelque temps déjà, l'un après l'autre, elle s'était mise à dénouer les liens de son alliance avec Jésus-Christ.

D'abord elle s'était refroidie pour la papauté. En plein siècle de Louis XIV, je ne sais quel reste des préventions protestantes contre le Souverain Pontife fermentait sous le nom de libertés gallicanes. Au lieu de se serrer de plus en plus autour de la papauté, on se mettait en garde contre elle. On voulait même lui dicter des lois.

Refroidi vis-à-vis de Jésus-Christ vivant dans le Pape son vicaire, le gallican ne tarda pas de se glacer à l'endroit de Jésus-Christ vivant dans l'Eucharistie. On enseigna que le Christ n'était pas mort pour tous les hommes, qu'il y avait eu des restrictions dans son amour. On rapetissa les crucifix. On les fit à la dimension du cœur de l'homme, un cœur amoindri, étroit, presque mort. Et l'on s'éloigna du tribunal de la pénitence et plus encore du banquet d'amour.

Qu'arriva-t-il dans l'Église de France? C'est que la sève chrétienne diminua de jour en jour. Plus de chaleur, plus d'enthousiasme, plus de saints. Seigneur, Seigneur, la France que vous aimez est bien malade!

Et ce n'est là que le commencement des douleurs.

En dehors de l'Église, des vents de révolte, d'irréligion et d'impiété soufflent de toutes parts. Le protestantisme aboutit sous le nom de philosophisme à ses dernières formules, à ses derniers ravages. « Écrasons l'infâme! » Tel est le cri de ralliement. Et ces forcenés déclarent à Jésus-Christ une guerre d'extermination. Et tous ensemble ils frémissent contre le Seigneur Dieu, contre son Christ, et tous ensemble, pris d'une haine sauvage, ils se ruent à l'assaut de l'Église catholique. Toutes les passions se déchaînent. Tous les vents font fureur. C'est un ouragan qui ébranle la France jusque dans ses fondements et qui la couvre de ruines. Grand Dieu, quel état ! Les temples sont fermés, les clochers muets, les autels profanés, les statues brisées, les croix renversées. Aux sophistes succèdent les bourreaux. Pendant dix ans la France est en proie aux horreurs de la barbarie. Semblable au possédé de l'Évangile, prise de rage contre elle-même et contre Dieu, la France se déchire toute vive de ses propres mains... Elle râle, elle va mourir.

Non, pas encore. Dieu sait bien qu'il y a deux Frances : la France des bourreaux et la France des victimes.

La Constituante et la Convention ont eu beau faire : elles n'ont abouti ni l'une ni l'autre aux extrémités monstrueuses qu'elles convoitaient. N'avaient-elles pas fait ce rêve de bâtir sur les ruines de l'Église catholique une Église nouvelle, faite à leur image et ressemblance, se souvenant peut-être que deux siècles auparavant tous les évêques d'Angleterre, à la demande d'Henri VIII, avaient apostasié ! Mais la France n'est point l'Angleterre. En France, en 93, malgré tous les énervements du dix-huitième siècle, malgré les menaces, malgré la Terreur, évêques et prêtres, plutôt que de se séparer de l'unité catholique, prirent le chemin de l'exil ou montèrent à l'échafaud. Voilà la France.

En cette nuit funèbre, le Cœur blessé de Jésus jeta quelques rayons. On vit, de cachot en cachot, circuler son image. On la vit aux champs de bataille sur la poitrine des géants vendéens. On entendit une voix de prison qui disait : « Vous voyez, ô mon Dieu !

toutes les plaies qui déchirent mon cœur et la profondeur de l'abîme dans lequel je suis tombé. O Jésus-Christ ! c'est dans votre Cœur que je veux déposer les effusions de mon âme affligée... Ouvrez-vous, Cœur adorable, et recevez avec bonté des vœux satisfactoires que la confiance m'inspire et que je vous offre comme l'expression naïve de mes sentiments... » Et Louis XVI promettait à Jésus-Christ tout ce que Jésus-Christ avait demandé à la France.

Pourquoi Dieu n'a-t-il donc pas accepté cette consécration de la France au Cœur de son Fils ? Ah ! c'est que Louis XVI n'était plus roi ; il était prisonnier. C'est que la France, au lieu d'acclamer la consécration de Louis XVI, traînait le roi sur l'échafaud et que la voix sublime du martyr se perdit dans les blasphèmes de la Révolution. Ce n'était donc pas encore l'hommage national que Dieu avait demandé à la France. Et cependant la France n'est pas perdue encore. Sans doute elle a trahi sa mission ; mais Jésus la poursuit d'un amour obstiné. En considération de Louis XVI et de sa mort, en considération de tant de vierges, de tant de femmes chrétiennes, de tant de prêtres qui versaient leur sang plutôt que d'abandonner Jésus-Christ, Dieu eut pitié de la France et il voulut qu'elle fût sauvée. Il était réservé à notre dix-neuvième siècle d'accueillir et d'acclamer la dévotion au divin Cœur et de renouer ainsi l'alliance sacrée avec Jésus-Christ.

IV

Ah ! je le sais bien, notre siècle est coupable, et je
ne veux pas refaire le tableau de ses infidélités et de
ses crimes ; mais, n'avons-nous pas été châtiés et ne
le sommes-nous pas encore ? O Dieu jaloux ! ô Dieu
terrible ! voilà un siècle que le sang de France ne
cesse de couler ! Pour laver l'ignoble tache du siècle de Louis XV, de Voltaire et de Marat, il a fallu
le sang de Louis XVI, le sang des prêtres et le sang
des vierges, — des milliers de prêtres et des milliers
de vierges. Sous le premier Empire, trois millions
de Français ont rougi de leur sang tous les champs
de bataille de l'Europe. Et depuis lors, le sang de
France n'a pas cessé de couler.

Il a coulé en Afrique, en Crimée ; il a coulé en
Chine, en Cochinchine, au Mexique, en Italie ; il
coule au Tonkin tous les jours. La France fume
encore du sang de 70. En ce temps-là, qu'était-ce que
la France, sinon un immense autel arrosé de sang ?
Et Paris, trois fois ensanglanté : trois archevêques
morts dans le sang. Et les larmes des veuves et les
larmes des mères ? n'est-ce pas aussi du sang ? un
sang expiatoire !

La France a souffert et enfin elle s'est retournée
vers Dieu. Regarde, ô France coupable ! ô France
malade ! le Cœur de Jésus-Christ. Entre ce Cœur
blessé et ton cœur à toi, il y a de touchantes affinités.
Vous êtes faits l'un pour l'autre. Rapproche-toi donc,

ô France ! tu vas te réchauffer aux rayons du Sacré Cœur ; tu vas te ranimer et renaître.

Est-ce que vous pouvez la nier, mes Frères, cette renaissance catholique ? Auriez-vous oublié ces jeunes gens qui, au lendemain de l'orage révolutionnaire, ramassèrent dans leurs cœurs la croix profanée et jurèrent de la servir et de la défendre ? Souvenez-vous de ce fils des croisés : Charles de Montalembert. Souvenez-vous de Frédéric Ozanam, à la voix duquel surgirent, comme par enchantement, les Conférences de Saint-Vincent de Paul. La France en est couverte... Elles débordent ses frontières. Les voilà jusque dans la mer des Indes, faisant faire à la charité le tour du monde.

Souvenez-vous des prodiges d'éloquence de ces deux frères d'armes : Ravignan, Lacordaire, et des communions d'hommes à Notre-Dame de Paris.

N'oubliez pas nos grands évêques et nos docteurs. Il faut remonter à saint Louis pour rencontrer un épiscopat et un clergé aussi tendrement et aussi fortement uni à la chaire de Pierre.

N'oubliez pas la presse catholique, ses champions, leurs combats, leurs victoires.

Voyez toutes les œuvres de dévouement, de sacrifice, de réparation et de prières partout rétablies, en dépit de tous les obstacles, et partout florissantes. Les Petites-Sœurs des Pauvres en particulier poussent dans le sol de France qui semblait épuisé, comme dans nos champs fertiles les moissons. Est-ce que pour cela les Filles de la Charité sont moins nom-

breuses? A-t-on jamais vu autant de missionnaires
sur toutes les plages de la barbarie? Le seul sémi-
naire des Missions étrangères de Paris a produit plus
d'apôtres à partir de 1840 jusqu'en la présente année
1889, que depuis sa fondation au dix-septième siècle
jusqu'en 1840.

Et cette Propagation de la Foi qui verse chaque
année des fleuves d'or pour secourir les missionnaires
et des flots de sang pour faire germer des races chrétiennes, où a-t-elle pris naissance et qui la soutient?
Savez-vous quelle est la part de la France dans cette
œuvre éminemment catholique? Sur six millions la
France en donne plus de quatre, c'est-à-dire douze
fois plus que l'Allemagne, quatorze fois plus que
l'Italie, cinquante fois plus que l'Autriche.

Que dirai-je du Denier de Saint-Pierre, ressource
unique du Pape, depuis l'invasion sacrilège, et, pour
ainsi parler, son vêtement et son pain? La France, à
elle seule, malgré la crise profonde dont souffrent
ses intérêts, malgré les lourds sacrifices qu'elle s'im-
pose pour toutes les œuvres religieuses entravées,
persécutées, la France en donne les deux tiers : quatre
millions comme pour la Propagation de la Foi. Est-ce
que vous ne sentez pas dans cette charité française
comme un brasier du Cœur de Jésus?

Il s'en faut que j'aie tout dit et que je puisse tout
dire; mais je m'en voudrais d'oublier ces congrès
annuels où des hommes compétents, catholiques sans
épithète, s'efforcent de résoudre dans le sens surna-
turel et chrétien les questions vitales de notre temps?

N'est-ce pas un réveil de la vieille France que ces assemblées provinciales, composées de l'élite du pays, et qui proclament haut et ferme les droits de Dieu sur la personne humaine, sur la famille et sur l'État ? Eh ! comptez-vous pour rien nos écoles libres, miracle permanent de la générosité chrétienne ? et nos cercles catholiques, fondés par un homme de parole et d'épée, un preux dans lequel je retrouve, comme dans le génie national, du prêtre et du soldat, ces cercles qui font silencieusement, parmi les ouvriers, un très grand bien, et qui nous préparent le baptême de « cette héroïne encore sauvage », la démocratie française !

Vous voyez bien qu'il y a une France catholique, une France qui n'a pas oublié sa mission, une France qui se réchauffe aux feux du Sacré Cœur.

C'est elle qui, par la conquête d'Alger sur les Musulmans, a rendu l'Afrique à Jésus-Christ ; c'est elle qui a fait la guerre de Crimée contre les envahissements du schisme moscovite, l'expédition de Syrie contre les Turcs et les Druses du Liban ; c'est elle qui a relevé la croix à Pékin et qui l'a affranchie à Constantinople.

C'est elle qui, trois fois, a secouru ou restauré le Pape dans ses droits imprescriptibles, en 1814 par sa diplomatie, en 49 par une expédition navale, en 67 par une poignée de braves, fils vaillants des anciens chevaliers.

Non, Dieu ne l'a pas déshéritée.

Qui donc, en Europe, nous a relevé de faction ? Où

PIE IX ET LE SACRÉ CŒUR

Composition de G. Ricci. Estampe conservée au musée eucharistique de Paray.

est-il le soldat du Christ? Où est-elle l'épée de l'Église?... Ah! je vois bien l'épée brutale et violente, l'épée de la force, l'épée de la ruse et de l'iniquité; mais l'épée généreuse, loyale, l'épée du droit, de la justice et de l'honneur, où est-elle?... Je regarde et je constate qu'à cette heure d'humiliation et d'angoisse, le poste de la France à Saint-Pierre du Vatican reste inoccupé. O Pape! tu demeureras en prison jusqu'à ce que la France brise tes chaînes.

Et qui pourrait prendre sa place, la place de la France, voulez-vous me le dire? L'Espagne? mais elle est déchirée par des luttes intestines, trop souvent ensanglantées. L'Autriche? mais elle est engourdie, endormie. L'Italie, aussi aveugle qu'elle est ingrate, jette l'outrage à sa dernière grandeur. L'Angleterre n'est plus l'île des Saints, — et je ne veux point parler de l'Allemagne... La Belgique est vaillante et fidèle, je le sais, mais la Belgique a plus de courage que de force. Il n'y a donc que la France, encore et toujours! Léon XIII le sait bien. Il aime notre patrie, il prie pour elle... et que disait-il naguère? « La France, est le cœur de l'Église! »

Non, nos destinées ne sont pas achevées. Le châtiment durera peut-être encore, mais il ne sera que passager. A travers les hontes du présent, bien des signes lumineux nous annoncent que l'heure du salut sonnera pour notre pauvre et grand pays.

En 1870, par exemple, alors que la France, qui oubliait de nouveau Jésus-Christ, fut comme écrasée par un coup de foudre, qu'avons-nous vu chez nous?

LE TRIOMPHE DU SACRÉ COEUR

D'après M. Imlé. Extrait de la *Dévotion au Sacré Cœur*, par le P. de Franciosi.

Ce qu'on n'avait pas revu depuis les Croisades et depuis Jeanne d'Arc, un drapeau religieux sur les champs de bataille ; et quel drapeau ! le drapeau du Sacré Cœur, préludant sans doute au drapeau national demandé par Jésus-Christ.

Après nos revers, — il vous en souvient, mes Frères, — un souffle inaccoutumé passa sur la France. Du mont Saint-Michel à Notre-Dame de la Garde, des Pyrénées aux rives du Rhin, sanglantes encore, la France se souleva. J'allais dire : l'océan s'émut ; une vague, puis une autre vague. Ces flots, roulant leurs ondes à travers la France, vous les avez vus à Issoudun. Vous avez vu d'innombrables pèlerins, le chapelet à la main et l'image du Cœur de Jésus sur la poitrine. La prière jaillissait de toutes les lèvres en des accents sublimes :

Pitié, mon Dieu, c'est pour notre patrie...

Et vous vous demandiez dans une stupeur voisine de l'extase : Est-ce là le dix-neuvième siècle ou bien le moyen âge ? C'était la France qui passait, la France de l'avenir, la France de Jésus-Christ, la France du Sacré Cœur.

C'est elle qui a fait le vœu national d'ériger en plein Paris, à Montmartre, le temple demandé, il y a deux siècles, par Notre-Seigneur.

Comme elle est bien choisie, n'est-ce pas, mes Frères, la montagne des martyrs, pour être le trône du Cœur blessé de Jésus ! Elle portera dans les airs, au-dessus des fiévreuses agitations de la grande cité, les dômes tranquilles de la Basilique sainte. On les verra de toutes parts. Le Cœur du Christ, immolé, couronné d'épines, dardera sur la ville et sur la France les flammes du pardon, du sacrifice et de l'amour. Lève les yeux, ville abjecte et sublime, ville des jouissances et des immolations, ville des corruptions et des virginités, ville du blasphème et de la prière. Gravis les pentes de la montagne. Dans ses flancs coule une source d'expiation pour tes crimes ; dans ses flancs brûle un foyer de saintes ardeurs, d'élévations magnanimes. C'est dans cette Basilique que sera faite un jour, et bientôt, par la bouche de son souverain, quel qu'il soit, peuple ou roi, la consécration nationale de la France au Sacré Cœur. Ce jour-là sera grand, mes Frères, dans notre histoire. L'antique alliance sera renouée, le droit rétabli, le règne de Dieu enfin acclamé, et avec lui, par surcroît, la stabilité, la confiance, la paix, la prospérité, l'honneur.

Mais, jusque-là, notre devoir à nous, c'est d'entrer dans ce mouvement des âmes vers le Sacré Cœur et d'entraîner avec nous nos frères. C'est de porter au Cœur meurtri de Jésus le cœur pénitent de la France. *Sacratissimo Cordi Jesu Gallia pœnitens et devota.* C'est de crier au ciel que nous avons péché, que nous demandons grâce et miséricorde. C'est ensuite de nous consacrer, nous et les nôtres, au divin Cœur et de proclamer les droits du Christ, Roi immortel des siècles et des peuples, sur nous, sur nos familles et sur la France.

C'est de travailler ensuite à faire rentrer l'esprit chrétien, non pas seulement dans les volontés et dans les cœurs des individus, mais, par des votes intelligents et libres, dans la société, dans les mœurs publiques, dans les institutions et dans les lois. Il nous faudra saisir enfin l'autre France, la France nouvelle, vaincre ses haines à force d'amour, la convertir et la jeter frémissante sur le Cœur de Jésus. Et alors il n'y aura plus qu'une France, la France du Sacré Cœur. Cette France-là reprendra sa place à la tête des nations catholiques, race de parole et d'épée, race au grand cœur, pour montrer à l'humanité baptisée le chemin de la justice, de l'honneur, à travers les aspérités du devoir, les meurtrissures du sacrifice, les saintes blessures de l'immolation. Le temps sera revenu des grandes épopées et des gestes de Dieu dans le monde. Et l'on entendra retentir encore le cri de nos pères : Vive le Christ qui aime les Francs !

D'après la gravure publiée par M. Alcan.